當代中華詩詞名家精品集

梁东卷

中华诗词研究院 编

中国青年出版社

图书在版编目（CIP）数据

当代中华诗词名家精品集·梁东卷／梁东著．
中华诗词研究院编——北京：
中国青年出版社，2014.7
ISBN 978—7—5153—2587—3
Ⅰ．①当… Ⅱ．①梁…②中… Ⅲ．
①诗词－作品集—中国—当代 Ⅳ．①I227
中国版本图书馆 CIP 数据核字(2014) 第 172171 号

责任编辑：彭明榜
丛书题签：霍松林
书籍设计：孙初＋林业

中国青年出版社出版发行
社址：北京东四 12 条 21 号
邮政编码：100708
网址：www.cyp.com.cn
编辑部电话：(010) 57350506
门市部电话： (010) 57350370
北京科信印刷有限公司印刷　　新华书店经销

700mm×1000mm　1/16　7 印张　60 千字
2015 年 1 月北京第 1 版　2015 年 1 月北京第 1 次印刷
定价：20.00 元

本书如有印装质量问题，请凭购书发票与质检部联系调换
联系电话： (010) 57350377

《当代中华诗词名家精品集》出版说明

为弘扬中华诗词文化，促进当代中华诗词优秀作品的传播和交流，值此中华诗词研究院成立三周年之际，特编辑、出版《当代中华诗词名家精品集》丛书，以期为广大读者提供优秀的当代诗词读本。

《当代中华诗词名家精品集》的作者为中华诗词研究院顾问，他们是当代诗词名家、大家。每卷收录作者自选代表性作品一百首以内，注重艺术性、当代性，且能反映诗人的艺术风格和创作面貌。经过近一年的约稿、审订、编校等紧张工作，《当代中华诗词名家精品集》（第一辑）共出版十卷，收入饶宗颐、霍松林、叶嘉莹、刘征、程毅中、梁东、周笃文、杨天石、白少帆、赵仁珪十家。

我们期冀通过《当代中华诗词名家精品集》的出版，为读者提供一份精美的精神食粮，发挥诗词名家对当代诗词创作与研究的引领作用，展现中华诗词的当代魅力。

中华诗词研究院

二零一四年七月

目录

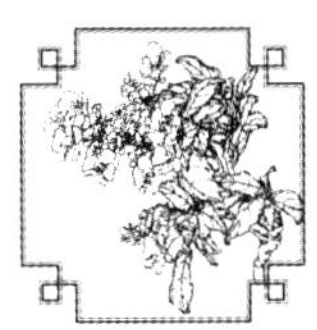

夔州八咏

鹧鸪天　魂梦

何处高秋下露微？参差琪树映清晖。无心早岁耽风色，有酒中宵到古夔。

魂万里，故飞飞。似闻顿挫出惊雷。楚天未尽三更鼓，落木萧森入梦回。

鹧鸪天　星辰

昨夜星辰涤世尘，芒寒色正出天真[①]。无私助曜穿今古[②]，有烂垂文动鬼神[③]。

清浅浅，意殷殷。众星鱼贯出夔门。长庚梦得青莲韵[④]，璧是天心峡是魂。

①刘禹锡《柳礼部纪》：“繁星丽天而芒寒色正”。

②李商隐《贺老人星见表》“近晓流光，欲助无私之日”。

③《诗》：明星有烂。

④《唐书》李白传：“母梦长庚星而生白”。

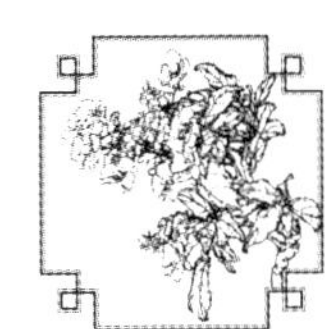

鹧鸪天　猿声

失落瞿塘漠漠烟，未闻长啸走高猿。岂如滚雪临江岸，漫说孤云落玉盘。

缘底事，起无端。偏从白帝问青莲。游轮此日悠然过，莫道今生过险滩。

鹧鸪天 竹枝

日出三竿金笸箩，长刀短笠定风波。红花春水宁如是，平地波澜奈若何。

烟柳陌，水清莪。人家峡上白云多。若晴若雨巴山雾，都入钧天击壤歌。

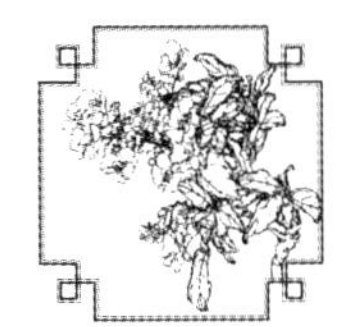

巫山

夔州又见半轮秋，影动瞿塘不系舟。
身揽彩云当对酒，神追白帝莫登楼。
千年杜宇声声血，一段巫山点点愁。
如画江川其助我，霓虹天外雨初收。

白帝

公孙旧业烟尘尽，白帝城头浴日波。
道是永安图社稷，却无常胜起干戈。
桃园义失三分鼎，家国哀生一统歌。
夜雨猿鸣当解语，后人偏把剑重磨。

西汉末，公孙述据蜀建白帝城。

梅溪

客心常驻古夔州，德共冰壶去复留。
每饭忠怀担国运，三更魂梦挹江流。
兴诗明道甘棠业，行路薰风陋巷忧。
澹澹清波堪照影，使君一步一回头。

王十朋，号梅溪，南宋名臣，有政声。自谓“忠犹杜甫，未尝一饭忘君”。知夔二年，离时犹登山四望。

铙歌

汉鼓吹铙云外冷，巫山樵采入荒村。
牵江断骨孤云暗，隔岸离魂夜色昏。
滟滪悲鸣声转寂，黄牛激浪水曾温。
巴人一曲千秋唱，应是诗痕夹泪痕。

二零一零年十二月十四日

汉鼓吹铙歌《巫山高》为汉武帝军中乐歌。据认为是最早的夔州诗。

汉中八咏

张良庙（之一）

横天雁字早经秋，勇退从容御急流。
帷幄常怀湖海志，逍遥难去古今愁。
忍从草野收余忿，敢向朝堂立远谋。
“拜石”功成烟雨过，青山紫柏一留侯。

张良庙（之二）

扬长竹屐印苍苔，碧落云端下九垓。
知有高天多雨雪，难从尘世抑风雷。
酬韩已自一椎去，辞汉偏从万户开。
天子船头呼正切，凡间知止几人来？

张良庙拐竹

新篁解箨望扶摇，宜雨宜烟雪里娇。
三日登桥曾进履，千年出世便弯腰。
萧萧尘事知难老，谡谡天声学后凋。
惶恐虚怀多劲节，躬身一拜再冲霄。

张良庙现存拐竹一片。进履桥记圯桥张良为黄石公纳履之故事。

定军山武侯墓

六出祁山世路殊，旌旗掩映不归途。
定军山外三刀岭，斩将台前八阵图。
身卧北原期控魏，魂依汉水止吞吴。
西行跨鹤频回首，难舍青青一串珠。

三刀岭与五丈原相对峙，传为司马懿营地。诸葛亮嘱死后葬定军山。山形如十二连珠。

石门石刻

焚石扬汤动晓昏，开通神道铸精魂。
一天“衮雪”风推浪，四壁飞龙屋漏痕。
汉魏烟云涵造化，褒斜刀斧运乾坤。
人间当重“十三品”，千载文心颂石门。

“衮雪”二字刻于石门洞南褒河水中巨石上，激浪如雪，故名。传为曹操所书。褒斜道南端石门内壁及山崖上，刻汉魏以来诗文，《汉魏十三品》（《石门颂》等）即其中精品。

褒斜道

冰河铁马剑含光，峡锁烽烟夜未央。
大散关前吹画角，褒斜路上隐青霜。
云山四面归鸿远，栈阁千年古木香。
谷道森森晴复雨，奇兵暗渡下陈仓。

魏延墓

略地攻城大纛扬，征西路上暮山苍。
三分喜得扶轮手，六出轻抛救世方。
青史痛无双“暗渡”，人间偏擅自戕伤。
风波亭畔莫须有，回首千年几断肠。

魏延辄欲请兵万人与诸葛亮异道会于潼关，如韩信之陈仓暗渡，则咸阳以西可定，亮不许。

韩信拜将台

梁州匹马剑初磨，战策兵韬枉自多。
拜将台前风展旆，未央宫里鬼操戈。
回天狭路云追月，夺命寒溪浪涌波。
却问淮阴篱下日，书生意气竟如何？

二零一零年六月二十四日

韩信原事楚，任郎中微职。归汉仍未重用。信出走，传萧何月下追之。因寒溪水涨，韩信未能过河，始被刘邦拜为大将。

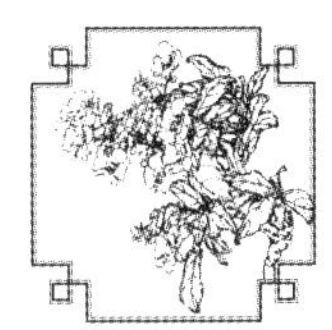

天柱山问古（选四）

与隋文帝论

开皇何事不从容？乱点青山作御封。
旌驾桥头三祭水，回龙石上一声钟。
嵯峨蓬阁含霞举，缥渺卿云出岫浓。
任是南图兴国运，擎天一柱胜千峰。

汉武帝元封五年（一零六）禅封天柱山为南岳，传曾过旌驾桥祭水。隋开皇九年（五八九）文帝为开拓南疆将南岳移封衡山。

为皖公山问

风梳雾卷四时融，一柱能同碧落通。
深锁雷霆临赤县，高擎日月扣青穹。
江淮开启金汤业，天地撑持带砺功。
莫为浮云遮望眼，时人可识此山雄？

天柱山在安徽省潜山县境内，潜为古皖国封地，故天柱山又名皖山。控江淮而接吴楚，且因一柱擎天而名于世。相传皖伯施仁政，民敬之称皖公山。

舒王台赞

晴空浩渺紫云腾，幽井甘泉盛世清。
烟树城南阡垅合，灵湖镜里乱峰行。
明珠夜月婆娑影，古寨天风吟啸声。
拨去舒王台上雾，此身已在最高层。

舒王台为王安石读书处。传王任舒州通判时，夜读获女赠奇珠，明如朗月。乃有“舒台夜月”之说 。

为二乔辩

何曾夫婿觅封侯？家国流离不系舟。
豆蔻春风来未得，芙蓉晓日去无由。
常思烽火人升帐，一任清霜月满楼。
吹梦旌麾拂江岸，难分为我为君愁！

二零一一年二月二十一日

二乔随父流徙于此。孙策射猎中见大乔，喜结连理。后周瑜与小乔成婚。唐王昌龄《闺怨》有“悔教夫婿觅封侯”句，余借题为之辩。

喋血狂飙（六首）

——滇西抗战片断回眸

“九一八事变”八十一周年之际，来到当年中国军民浴血抗击日寇的滇西战场，心情沉重。时东海狂涛正炽，爰于刀从觅诗，以志毋忘国耻，牢记历史，缅怀为国捐躯的英魂！

一九四二年，日本侵略军由缅入滇，我怒江西岸腾冲、龙陵大片领土沦陷。中国唯一外援抗战物资通道——滇缅公路阻断。日军妄图长驱陷昆明，逼重庆。中国远征军炸断惠通桥，与敌方隔怒江相峙。一九四四年五月起，中国军队强渡怒江，以五路由东向西反攻。松山、高黎贡山喋血强攻，腾冲焦土抗战……其惨烈绝不逊欧洲的诺曼底战役。

一、松山喋血

远征路上万夫雄，旷世男儿绝世功。
石烂山崩魂是骨，躯残骨碎齿生风。
松摇鼓角连天吼，魂落星河仰面攻。
一寸青葱千斛血，彤云浴火更飞虹！

攻克松山，发现六十二名战士一对一与日军绞在一起，掐、撕、咬，同归于尽。

二、怒江裂岸

天昏鬼哭杀声浓，苦雨奔雷狭路逢。
怒水蒸腾鲜血沃，青穹破碎乱云封。
浪生江底千重火，风撼山巅百丈松。
裂岸滔滔冲决起，一波一折是刀锋。

三、腾冲焦土

咆哮江流怒不平，高黎贡岭炸雷声。
元间陋巷烽烟炽，骇世荒垣夜月明。
忍付空城留厉鬼，终将焦土换新生。
滚锅热海火山口，血肉尤升烈焰腾。

腾冲具火山、温泉，今仍有“热海大滚锅”景点。

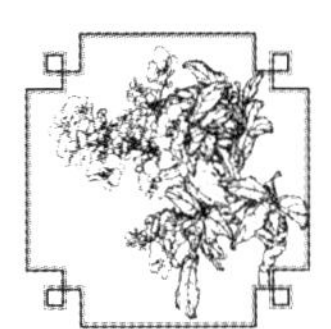

四、桥断桥通

吞天筑堑惠通桥，云气横开影动摇。
旷远牛铃走碧落，结帮马客跨丹霄。
一朝“血线”轰然过，二战英名卓尔骄。
此日摩空钢索起，应连海上抑狂飙。

著名的滇缅公路被称为“血线”。

五、古杉忠魂

腾冲老人寸大进，坐在被称为“雷打树”的千年古杉下，直视沦陷后腾冲城上的膏药旗，绝食而死，死不瞑目。其子寸性奇师长之前在山西中条山抗击日寇战斗中捐躯。

劲节虬枝古道边，孤标高接九霄烟。
中条山上死还继，腾越阶前生已捐。
不惧惊雷频打树，岂愁鬼火总烧天。
定睛直作穿杨箭，射落膏丸无再圆。

六、“山之上，国有殇”

光复腾冲全歼敌寇之役，我将士捐躯九千余人。腾冲建“国殇墓园”，纪念塔形如出鞘长剑，直指云天。于右任题：“山之上，国有殇”。

英灵河岳镇狂澜，长剑摩天日影寒。
山上国殇千载祀，人间大义一肩担。
丰碑危立阵成列，忠骨栖依锷未残。
竦听风掀南海浪，安魂曲尽几曾安！

二零一二年十月

望海潮　贺兰山

——献给新世纪

苍穹悬日，金沙蔽野，鹰扬虎踞龙蟠。秦垒汉城，榆关柳塞，当输骏马嘶欢。长啸入云端。看晴空雁阵，装点秋山。万里追风，九天飞雪掠银鬓。

由来大地霜菅。忆朔方烽火，刁斗凝寒。坚甲铁蹄，金瓯破损，芦沟晓月如盘。怒发每冲冠。尽潇潇雨歇，易水湍湍。血肉长城筑起，世纪莫离鞍！

二零零零年九月

贺兰山如骏马倚天雄峙

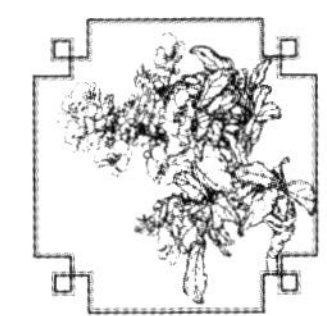

抗日战争胜利六十周年感赋

屠鲸六十载，世纪走熊罴。
沧海浮明月，神州跃醒狮。
横戈犹达旦，吮墨正当时。
直作闻鸡舞，胡为放马诗？

感时思报国，崛起志成城。
心系卢沟月，人师细柳营。
卧薪期盛世，尝胆胜瑶羹。
清夜诗中点，增提十万兵！

满江红　芷江受降城

黔楚咽喉，却承接，卢沟晓月。凝眸处，雪峰晖耀，杜鹃红绝。八载狼烟灵与血，千秋彪炳忠和节。看龙旌虎帐受降台，流年越①。

芷江雨，华夏雪。金鸡岁，重来阅。俟长桥溢彩，舞河腾跃。难遣春愁看岭隅②，须将热血浇城堞。正霜风劲处，射天狼，飞龙崛。

二零零五年四月三十日

①湖南芷江，地处湘西雪峰山脉。一九四五年八月二十一日，中国在此受降。一九三七年七月七日芦沟桥事变开启全面抗战，到芷江受降为中国人民抗战全过程。从日本无条件投降到今年整整过去六十年。

②丘逢甲诗：“春愁难遣强看山，往事惊心泪欲潸。四百万人同一哭，去年今日割台湾。”

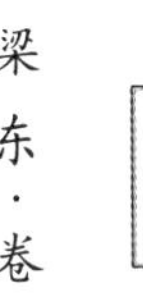

五丈原

祁山秋色早，故垒觅残垣。
旗隐三刀岭，魂归五丈原。
舍生扶社稷，无力正乾坤。
大野孤云暗，哀师听暮猿。

二零零零年八月十四日

诸葛亮死于今陕西祁山县南五丈原军中。渭河北岸三刀岭，传为司马懿营地。

战瘟神

——献给医护工作者

风惊雨骤度春宵，大地寒凝漫寂寥。
何处幽灵夺性命，哪方鬼魅纵毒枭？
一日狼烟罴尘上，万家翳雾锁眉梢。
四月春风似剪刀，剪去天容月色娇。
剪去草长莺飞趣，剪得柳絮不轻飘。
十亿生民待呵护，百万哀兵着战袍。
白盔白甲白旗号，搭箭开弓竞射雕。
未及请缨先上阵，夜夜迎来日影高。
阵前不见真容貌，重重防护藏娇娆。
步履深沉身手捷，话语轻盈五内焦。
昏沉只盼及时雨，谁使枯田甘露浇。
毒沫如泉忽喷涌，英雄难握手中刀。

死别妻儿不瞑目，誓下黄泉觅疫苗。
华年华彩连华胥，同气同根是同胞。
黑云压城城不摧，五岳轰顶不弯腰。
须知非典缘何典，且看魔高抑道高！
胆大艺精心须细，此是破题第一遭。
敌忾同仇人心举，微观世界举风标。
荡尽妖氛靖天宇，寰球指日唱箫韶。

二零零三年五月

蜗居

——写于“非典”肆虐时

上网周游心漫漶，敲诗只为报平安。
蜗居却少读书趣，谢客原知促膝难。
愧向白衣称战士，感从天使识幽兰。
老夫何处抓非典？尽向飞播壁上观。

二零零三年五月

端阳

——喜见“非典”疫情“零”报告

一天薄雾过端阳，迟暮东风花更香。
大地曾经春雪打，京城又见酒旗扬。
公车消毒人依序，超市通风各执筐。
厨下欣闻菰粽熟，再烧艾叶煮雄黄。

二零零三年六月

帐篷绿洲

晨起，荧屏喜见“帐篷绿洲”，感奋而作。

世上何来新绿洲？岚光尽扫古今愁。
门庭共对关山月，心志同依风雨舟。
一阵弦歌迴故野，无边稼穑起神丘。
横流沧海中兴业，头颈高昂多事秋！

二零零八年五月二十三日

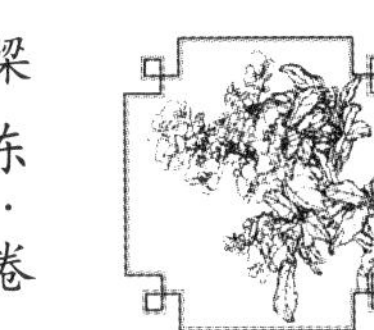

冰雪五章之电工

何曾云外战坚冰，高奏横天弹拨声。
传令三军三万里，接通十亿上元灯。

二零零八年二月二十一日

和钟家佐《八十初度》

林壑烟岚履色新，何当秉烛计旬旬。
大山万仞情怀重，三姐千家魂梦亲。
透视人间真有鬼，翻知天上本无神。
敲诗溶墨我来也，再造芳龄八秩春。

二零零九年六月十二日

致杨叔子院士

在黑龙江望奎举行诗教会议，院士因病缺席，驰书大会，万里情深。

一往情深路几千？暮云芳草不成眠。
清风松嫩高贤聚，暑气江川客梦牵。
通肯新连黄鹤水，呼兰续写黑龙篇。
杏园无尽春消息，聊共沂歌五十弦。

二零零五年八月二十四日

步韵奉和杨叔子先生近作《野莓》

院士阶前蝶，江家屋外飞。
俯身春水暖，放眼野花肥。
风雨含清露，云霞著紫辉。
喻园方曙色，不是倦游归。

二零一二年十月十四日

“江家大屋”为叔子先生江西黎川儿时旧居；喻园为其现华科大校园居处。

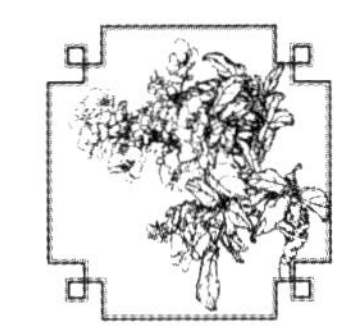

接读沈鹏兄《检点旧作》，次韵奉和

喜君落落茂陵书，复见清衷方寸虚。
大纛恢宏持道统，无边霞彩乘云车。
雄关擎得旌麾过，暖阁留将虫草趋。
检略绮章当遗我，换鹅斗酒并煎鱼。

二零零九年十一月

奉和马凯癸巳五律二首

拨去霾和雾，千山浸碧晖。
难能一气转，胜却八风吹。
喜雨才三日，花光已再菲。
晓看红湿处，催马梦魂归。

岁寒花未发，心底一枝春。
好梦酣如酒，新诗妙入神。
高擎华夏土，尽变绿杨村。
雪霁轻装出，晓行最动人。

二零一三年五月一日

贺启功老九十华诞

丹青翰墨两濡濡，鉴古知今道不孤。
悟得沧波濠上旨，一丘一壑上天枢。

二零零二年六月二日

赵仁珪先生惠赠大著《土水斋诗文选》，有赠

土水书斋净且坚，砚中泽畔并篱边。
攀援直向云霄月，叩问常从墟里烟。
棒喝声如歌婉转，指翻形似舞回旋。
有为不在鲲鹏志，应喜天天不惑年！

二零一二年六月二十九日

赵仁珪教授师从启功先生，追随近三十年。启功先生书斋名“坚净斋”，盖取所藏康熙砚铭“一拳之石取其坚，一勺之水取其净”。仁珪先生取坚之土、取净之水合而为“土水斋”，以表追慕之深，自励之坚也。

诗文选之自序有云：“每有陋作遇较佳处，先生或以手拍案，或鼓掌击节，时而竖起右手之拇指，由胸前向外翻出，连连称好，以示鼓励；若遇痴愚解诗论诗，先生亦尝效仿其师陈援庵先生伸出食指警戒曰‘尔又迂也’，以示棒喝之意。”

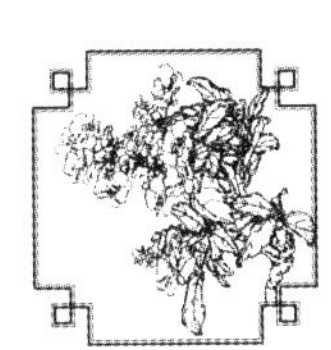

再谒寺前庄赵朴初故居

大道多容林下风，家山犹是翠微宫。
百年诗刻当传世，千古水云不记功。
每遣禅心开慧眼，频传法雨寄深衷。
闲来小令论书剑，一鹤凌空上紫穹。

马山祭

顷接沈鹏兄赐赠《聂绀弩马山集手稿研究》一书，并附新作七律《聂绀弩马山集手稿杀青》，次韵奉和，诗成，难解心中郁结。

雪拥云封去不留，青松归路晚山稠。
锥心期有鸿蒙跃，喷血何曾汗漫游。
宜死宜生谁作主，非牛非马我登楼。
江边未允怀沙去，千古诗痕土一丘。

聂绀弩有《散宜生诗》。

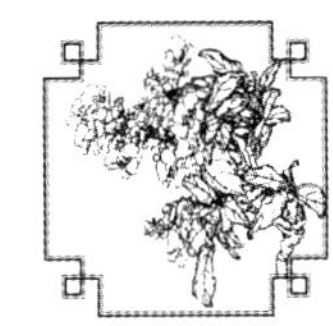

再步沈鹏兄《读马山集》原韵

手提肝胆未深藏，不避人前泪满眶。
旅梦云溟删旧句，投荒雪暗抚新殇。
牛倌舒放神牛气，马号偷存瘦马章。
立地修行何所有，袈裟脱尽是儒装。

二零一一年六月十八日

明牛首山志明和尚有诗集《牛山四十屁》（典出《聊斋志异 · 思礼吏》），聂乃有马山之诗编。

聂绀弩《马山集》读后感赋之三

落霞斜映马山巅，投笔何堪晓夜眠。
忍泪先凝和泪血，锥心已注洗心泉。
六经许我开生面[①]，此世伊谁共绝弦？
双膝高蜷长跪去[②]，难磨酽墨问苍天！

二零一一年六月二十二日

①聂谓清诗人中难有如王夫之句“六经责我开生面，七尺从天乞活埋”者。钱钟书指聂诗可与此二句相当。余然其说。

②丁芒先生著文说：“一九八六年聂绀弩逝世时，遗体两膝弯曲，高高撑在灵床上，再也无法平直。”对此最后形象，“每思之，如骨擂心”。

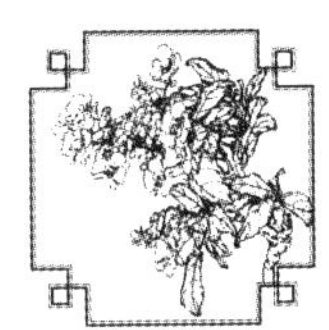

《马山集》研究移师青岛感赋

墨浪诗情漫野烟，忍将心绪托高贤。
风云论道三千界，牛马问天五十年。
岂羡蓬瀛星海阔，无求碧落月华圆。
汉皇今夜虚前席，幸赐苍生安枕眠。

二零一二年六月六日

聂绀弩在厄运中完成马山集诗稿，至今整五十年。

纪念聂绀弩百岁诞辰

漫言无用竟天年，一卷诗书闻道先。
世上疮痍不圆梦，人间风雨奈何天！
忠箴尽在低回处，良药当融咏叹前。
“无意得之”随意得，诗中圣哲比前贤。

二零零三年六月二十一日

聂老以“散宜生”为号，意指“散人散木，无志无才”，即“无用终天命”（散者适宜于生存之意）。并说其诗皆“无意得之”。

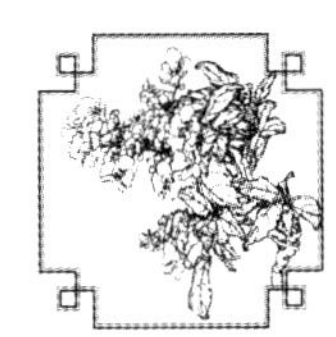

南乡子　盱眙淮河风光带诗墙

何处醉秋光？一望长淮浴夕阳。桐柏山行千里客，匆忙。梦里中原小麦黄。

放眼对汪洋。奈得沧浪日月长。回首千秋多少事，苍茫。叩问临河诗上墙。

盱眙城南社区诗社感怀

芳草迷离远客来，秋光红透旧岩隈。
庭中经典探幽趣，岭上摩崖蘸绿苔。
汩汩清泉波潋滟，深深闾巷我徘徊。
一声平仄乘风去，再把家山细剪裁。

二零零五年十一月

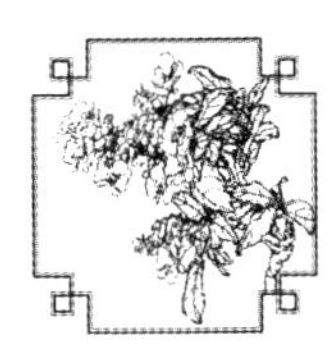

瓜洲诗教

清波何处接天流？濯足披襟万里舟。
一半银蟾铺晚渡，“两三星火是瓜洲”。
惟思玉露霑新草，始得松涛荡古丘。
我欲乘风济沧海，书生枕下带吴钩。

二零一零年五月十九日于瓜洲渡

广西苍梧县石桥镇获“诗词之乡”称号，前往授牌，诗贺

何处薰风燕子斜？芳菲古郡浅深花。
新翻杨柳千山韵，漫饮瓜芦六堡茶。
热土春秋驰铁骑，流金岁月走银蛇。
苍梧又绿人间景，诗在桥头百姓家。

二零零九年六月八日

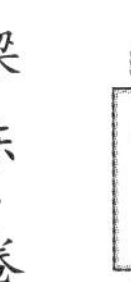

赠苍梧石桥东安（农民）诗社

春在溪头荠菜花，苍梧秀色耀桑麻。

石桥镇上听箫鼓，户户歌吹醉碧霞。

二零零一年七月

藤州行（选一）

藤县动员诗教，三千中小学生同场诵读诗文，蔚为大观。

三千学子唱箫韶，掀动藤州星月摇。
已自家园承浩气，翻从世界看浮罳。
风云际会英才聚，雷雨经伦大路遥。
莫为小安耽逸豫，常思天外落寒飙。

二零零八年十一月

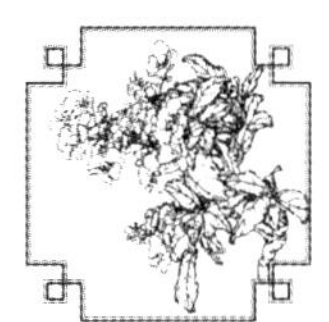

一剪梅　赠博里农民诗家

十里缤纷雁几行，菊绿橙黄，蕙灼兰芳。一天风露过重阳。不减春光，收拾春光。

何处弦歌透碧窗？小院凝香，大野新妆。田畴击壤笑声扬。人焕词章，诗润农桑。

二零零七年十一月十日

山阴畅想曲

傍水含烟柳色新，
山阴风物各争春。
青溪红树通幽径，
高塔层楼掩古津。
灯花昨夜绽良辰，
情真喜煞右将军。
扫素笼鹅迎远客，
芝兰意气绝风尘。
绍兴城里咸亨酒，
酣畅淋漓酬故人。
忽报老叟踞门庭，
原是皓首“太湖精”。
摇头瞪目视霄汉，
手执蟹螯与“丹经。”
一声长啸洒素壁，
挥笔落落如流星。

阳春忽如秋风劲，
萧萧寒草满户庭。
满座失声俱钦慕，
但见僧人独踽步。
担笈杖锡到兰亭，
长沙上人称怀素。
北游吴越尊上国。
错综书艺惟亲睹，
行囊箱箧计无数，
北溟飞鱼中山兔。
颠师领首似允承，
弟子乘兴无旁骛。
掷杯提笔立高堂，
奔蛇走虺朝及暮。
古瘦漓骊墨不兴，
壮士拔山劲铁铸。
骤雨旋风声满堂，
轻烟淡古绕高树。
众人击节齐慨然，

何必公孙大娘舞?

出入魏晋宋奇才,

跋涉烟云作客来。

整冠束带先拜石,

再展蜀素乌丝界。

海岱楼头又一颠,

颠张醉素不为怪。

当仁不让笔高擎,

三丈南墙绝痛快。

风樯阵马气凌云,

万里扬帆水澎湃。

高呼虎儿声震天,

笔力扛鼎众客前。

倘若诸公不尽兴,

岸边泊有米家船。

鹤林烟雨米氏点,

千秋笔墨塞前川。

话音未落人起身,

不甘虚度此良辰。

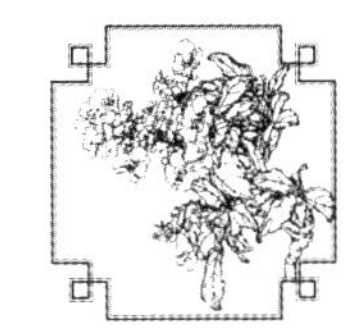

欲试锋芒现身手，
我辈岂是蓬蒿人！
凛凛正气力万钧，
君来益显画堂春。
谁争座位振纲纪，
谁悟粉墙屋漏痕。
此时山谷跃身起，
吾得羲之锥行迹。
纵横奇崛存逸气，
侧险取势自成体。
各路书家尽试锋，
笔华开处墨华浓。
秋蛇春蚓云烟气，
萧散清真林下风。
北碑南帖各登峰，
兰亭又竟万世功。
有幸飞阁未临水，
得免化龙字升空。
蹒跚老者入华堂，

寻人以至鬓飞霜。
陆机手捧《平复帖》，
语音哽噎泪闪光。
为护国宝倾家产，
伯驹一掷四万洋！
诸公额手齐称庆，
廊下请来公子张。
优游散淡一如昨，
世外蓬仙云间鹤。
长揖侧身静倚栏，
清风明月何落落。
此刻右军已动容，
话锋直指唐太宗。
昭陵原藏复印件，
真迹千年我尘封。
欣逢盛世书学举，
复感诸公情意丰。
也效伯驹张义士，
中华典籍我归宗。

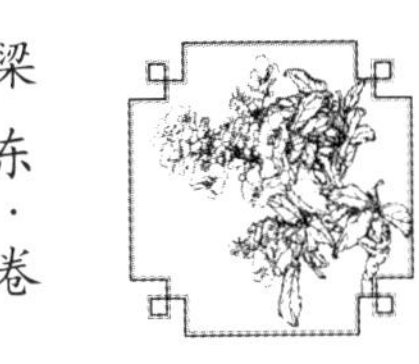

盛会此时节目改，
隆重推出烧鹅仔。
书家自古酒为邻，
觥筹交错不稍怠。
俄顷风卷俎中醢，
绍兴白鹅半挨宰。
茴香小豆八车皮，
老酒新销浑如海。
诸公趔趄下层楼，
我有云汉木兰舟。
客去主安莫送远，
依依再订逍遥游。
稽山鉴水绿悠悠，
新月已上柳梢头。
醉墨醉人未醉酒，
明日珠玑上报头。

二零零四年四月四日于好雨轩

兰亭组诗（选二）

一

老来心事更拏云，野鹜家鸡万绪分。
骤雨旋风同作伴，危樯惊马共成军。
轻烟淡古岂无我，半瘦漓骊方识君。
东海鸿溶千载墨，飞毫起处自缤纷。

二

造化争衡笔一枝，风云跌宕任驱驰。
纤毫尽处连寰宇，四海包容君可知？

二零零四年四月十日

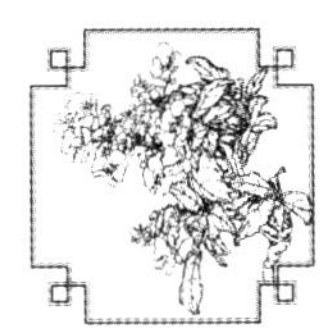

旅法诗抄（选六）

西江月　庭院深深

小院青萝古柏，邻家丹桂池莲。半帘花影浴堂前，何处斜风舞燕。

细雨轻如闾巷，白云飞似家山。骄阳高树不鸣蝉，正合咖啡神侃。

二零零七年七月十三日

巴黎夏日无蝉噪。

鹧鸪天　二孙

不为新词强说愁，常耽林壑乐忘忧。何须哓舌花都赋，且共含饴秉烛游。

灵旦旦，酷悠悠。一颦一笑也风流，浮生浪底风前事，捧腹颠狂万虑休！

二零零七年七月十五日

旦旦、悠悠为二孙之乳名。

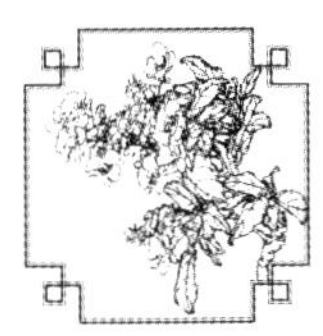

十六字令　悠

悠。占尽风情下小楼。人亮相，五短小平头。

悠。语不惊人誓不休。随口侃，跟着感觉溜。

悠。性起管它风马牛。十八扯，我有意识流。

悠。法语中文顺口溜。双语侃，中外我兼收。

悠。名重花都天一陬。社交界，也算小名流。

悠。成语时时随便丢。君莫怪，老气带横秋。

悠。杨派当红第一流。“云遮月”，票界我真牛。

悠。“大雪飘飘”林教头。跟着哄，重唱会偷油。

悠。最喜诗仙黄鹤楼。高声诵，明日下扬州。

悠。花解语来人忘忧。老眉展，此世复何求！

二零零七年七月十八日

悠悠为二孙小名。话多，其父戏称之为“花都侃爷”。跟着乃兄唱京剧《野猪林》中“大雪飘”一段声稍沙哑，盖杨（宝森）派之“云遮月”风格也。同乃兄重唱时往往“偷油”。

诺曼底美军公墓听军号声声

接天松柏立崖头，芳草茵茵润海陬。
峡锁狂澜惊舰橹，山开险崿走貔貅。
风悲号角雁声远，血暖星河月影浮。
无尽低回如动问：人间征战几时休？

二零零七年七月二十九日

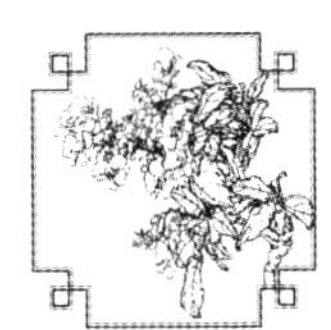

居法国友人庄[1]

流连春色雨初收，空锁花篱曲径幽。
寂寞爬墙焉作虎，招摇绣地竟成球。[2]
新醅唤取农家味，旧榻承邀小石楼。
晨起花牛惊客在，钟声云外漫悠游。

二零零七年七月三十日

①法国友人庄在诺曼底地区濒大西洋农村。

②庭院中植物“爬墙虎”和“绣球”极繁茂。

别友人庄

风清云淡此徘徊，回首门扉已不开。
一树梨花空带雨，三更古堞可惊雷？
百年轶事听苔径，半月新知举酒杯。
且作车前林下约，关山飞渡又重来。

二零零七年八月十三日

诺曼底友人庄常无人住。此次居半月，临行回首，人去楼空，庭院空锁。庭院大门取城堞状，十五世纪修建，为此处最久远的建筑物。

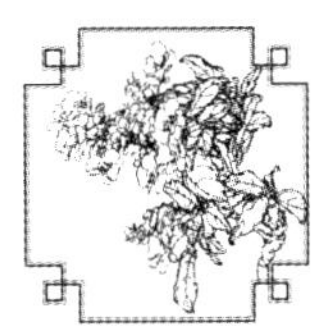

八十自白（选二）

一

驱赶光阴日复旬，恨无一岁几逢春。
蹉跎愧我尘寰事，汗漫还他物外身。
艺苑躬亲防水货，德怀顶礼拜真人。
老夫荣踞“八零后”，皓首梨花满眼新。

二

年方八十一枝花，种豆闲来还种瓜。
半亩池塘勤照影，三千世界勉当家。
常清宿墨换新墨，最喜分茶煮酽茶。
铁板大江东去也，引吭聊伴醉流霞。

二零一一年十二月

“石上根缘”

广西上思县十万大山中，有两棵树根脉穿石连通，堪称奇绝，名“石上根缘”。

物造天工称鬼雄，姻缘成就曲难终。
根连更遇三生石，意合原需九脉通。
一世相知生共死，百年好约异还同。
青山十万作明证，此志深藏块垒中。

二零零三年十二月

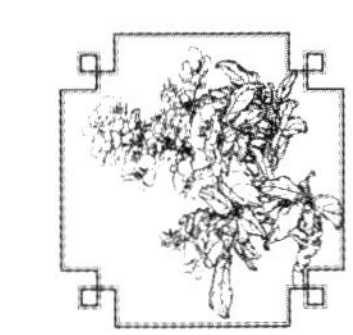

“石上根缘”歌

八年后重走十万大山。

第一章　愿天下有情人都成眷属

岭上紫荆木，泉边小叶榕。
时无桑中契[1]，却自两情浓。
乡关玉岑封，漫漫十万峰。
石雨天外落，奔泻忽如龙。
一石踞涧中，睽隔各西东。
相望苦相守，魂梦两处同。
日日羡双鸿，夜夜望星空。
秋山太枯淡[2]，春岭似血红。
银河犹可渡，一年一相聚。
坼石胡不为，石坚何所惧？

流水大江东，心通路必通。
使令顽石烂，誓求根脉融。
十年不及寸，平添离愁恨。
千载夺天工，万世偕秦晋。
根缘铸石上，连理复相望。
朝暮浴春风，酒浓更新酿。
此日生彩虹，巨石也玲珑。
山花灿于野，同庆绝世功！

第二章　愿天下眷属都是有情人

夜夜星辰夜夜风，峡云为我总朝东。
错节盘根山水共，无尽低回月明中。
乌啼若傍白门柳，沉香如饮新丰酒③。
无须人约黄昏后，共担风露到永久。
无嗟女牛逢隔岁④，不待早春醒春雷。
无求临空撷红豆，何来相思一寸灰！
不隔青冥复渌水⑤，无关明月下西楼⑥。

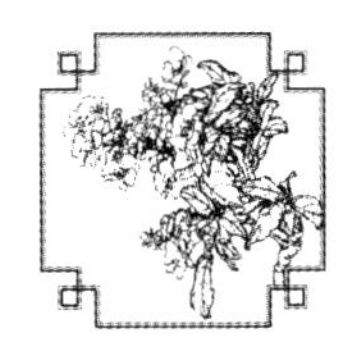

不计怀归断肠日，不期千里觅封侯[7]。
常厮守，永无休！身在福中莫他求。
此情绵绵无尽日，此志深深穿石头。
冰川移动我不动，除非十万青山随我裹石流！

二零一一年十月三日

①《诗经·鄘风·桑中》：“期我于桑中”。“时无桑中契”语出魏·繁钦《定情诗》中句。

②宋·杨万里句．“天公要饱诗人眼，生愁秋山太枯淡”。

③见于李白诗《杨叛儿》。

④清·黄景仁诗“羡尔女牛逢隔岁”。

⑤青冥、渌水，均见于李白诗《长相思》。

⑥唐·李益诗《写情》有句“任他明月下西楼”。

⑦见于唐·王昌龄《闺怨》。

蚁阵行

一声边报举风烟，十万貔貅出洞天。
风驰电掣衔枚走，慷慨赴死志无前。
不听鼓角军中起，不负长戈驰战骑。
不见城头大王旗，空见无声战地死。
何来抬榇不下鞍，何来马革裹尸还。
不着铠甲铁衣冷，不听鸣金夺险关。
一将何计功成就？万骨虽枯无老幼。
青史何来万户侯，功臣不羡凌烟寿。
世上相煎乐不疲，浩瀚星空争地基。
谁知洞窟弹丸地，谋臣死士战无期。
但愿卿云漫域中，但愿人间尽好风。
九天洞穴俱平静，宇内寰中唱大同。

二零零六年四月十三日

长相思　回乡

他乡云，故乡云。江畔流云游子魂，情连皖水滨。
思之殷，盼之殷。燕子呢喃几度春，无从问旧邻。

车辚辚，水粼粼。欲待孩童笑问询，乡音有几分？
大南门，小南门。门外涛声晨复昏，江风拂故人。

草有根，树有根。抹尽青苔觅旧痕，儿时梦最真。
堂无尘，案无尘。摇落蔷薇不见人，微风轻扣门。

世间寻，世外寻。寻到归时意最沉，乡愁重似金。
庭深深，院深深。丹桂花繁香满襟，腊梅何处寻？

雨霖霖，露霖霖。莫道黄梅水浸霪，阴晴俱在心。
茶也斟，酒也斟。注到心头细品吟，归思味最深。

一九九八年六月

辽东望儿山四望

一

莫待新雷归意迟，莫耽花发恋东枝。
他乡衿薄五更冷，料峭春寒儿可知？

二

千泓热浪送晴晖，一树鸣蝉我启扉。
四野流萤儿记否？万家灯火是催归。

三

伫望云天忆翠微，秋风过处雁南飞。

萧萧庭树炊烟冷，寂寞家山马不肥。

四

橘绿橙黄浑不知，千山木落夕阳时。

今冬不把寒衣寄，几度归期莫再迟！

二零零八年十月八日

西行绝句（十首选四）

张掖国家绿洲工程

谁家心与白云齐，揽尽风烟重九黎。
泼墨淋漓深绿染，千钧一抹向河西。

望居延

芳洲远接万重天，弱水微澜不计年。
手捧祁连山顶雪，开张臂掖望居延。

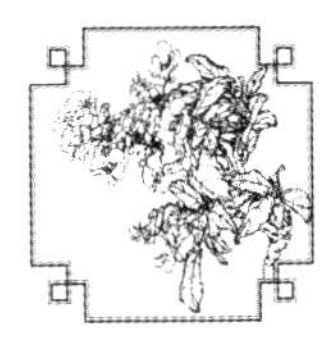

焉支花

最喜焉支淡淡花， 穿沙吮雪走危崖。
不同人世争颜色， 只染西天一点霞。

乌鞘岭

天兵照雪火云烧， 旌旆飞扬胡马骄。
御酒金泉刁斗隐， 嘶风万里霍骠姚。

二零一二年八月八日

霍去病西征，倒御酒于泉中，与将士同饮。

龟兹古国

一圜碧水向天涯，雨歇空山隐朔笳。
洞窟长凝千佛愿，关河新绽满城花。
盐丘走石追魔鬼，烽燧冲云捧日霞。
最是龟兹称上国，飞车远访故人家。

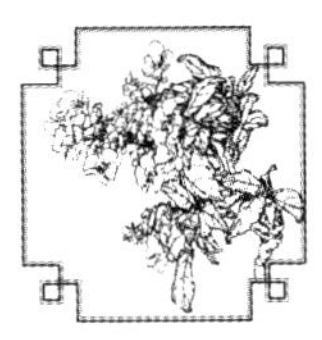

胡杨行

一从远古问玄黄，便有精灵出洪荒。
为有微茫穿宇宙，岂无生机起滥殇。
萧萧列阵拥惊沙，巍巍峨冠荡云霞。
远去莺飞草长地，茫茫沙海是吾家。
不恋小桥芳堤柳，不耽秋树荻芦花。
不羡姚黄并魏紫，愿听大野起悲笳。
昂首排闼立苍穹，盘根坼地越西东。
沙惊石走浑无惧，岿然万死御天风。
吸尽盐霜润古今，清泠澹泊胜甘霖。
沧海一粟左公柳，焉比万世胡杨林！
生当千年中天立，死亦千年干不曲。
卧逾千年骨不朽，生死沙场三十纪！
无悔荒漠慰此生，却憾人心苦难平。
不拒天灾趋人祸，六韬三略鬼神惊。
沉沙终埋生灵骨，片岩犹记鼙鼓声。
逆耳千秋胡杨泪，难阻兵车世代行。

鹧鸪天　温宿大峡谷

万折狂沙万卷书，苍茫一瞥任欹歈。仙山驿路南犹北，人世关河有却无。

寻地纽，问天枢。时来万乘尽迷途。运斤一舞诗千首，方识风云是大儒。

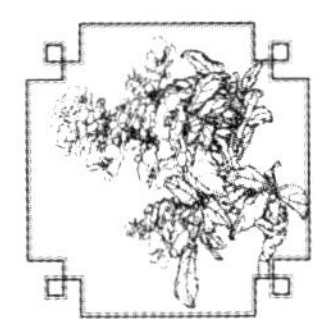

马之歌　达拉特组诗（之一）

笼头牵世界，缰绊挽龙舟。
玉蹬千番月，金鞍万顷秋。
耳扇轻雾远，尾散众星稠。
春草天低处，鞭梢唱绿洲。

二零一零年九月十二日

恭王府辛卯海棠纪盛（选一）

飞檐斗拱竞红妆，殿锁烟霞列画廊。
不是名花攀富贵，芳菲一半是诗香。

二零一一年四月十五日

海上游泳听广播奥运战报

粼粼最是枕烟波，奥运声中北戴河。

天海金红红一点，飘来万众一心歌。

二零零八年八月二十日

武夷山九曲溪

一湾秋水艳阳时，桐木津关云路歧。
任是风轻花易落，却看浪激石难移。
收容重叠千番绿，摹写回环九段诗。
花信凭谁勤寄奉，清流且放羽书驰。

二零零七年十二月十二日

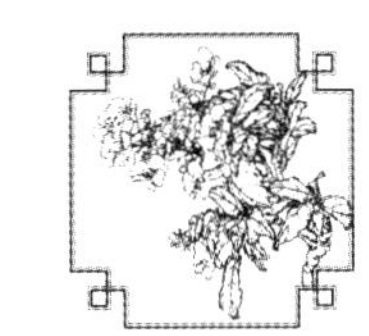

有感于巴黎智者之声

癸未秋，拜曲阜，谒南宗，有感于诺贝尔奖获得者巴黎集会，提出人类生存要“汲取孔子的智慧”，赋此。

何处茫茫问锦囊？花都智者写华章。
生存切忌失衡策，发展当寻救世方。
科技无须忧地老，人文信可破天荒。
尼山烟雨衢州月，总揽风云进庙堂。

二零零三年十月十八日于衢州

宋南渡时，孔府迁衢州，是为南宗。

鹧鸪天　白牡丹

任是清冷亦动人，玉盘烟水见风神。甘销素面千番雨，不羡中人十户身。

天上客，世间尘。染衣酣酒色翻新。前溪舞罢华堂寂，占得春光有几分？

二零零九年四月

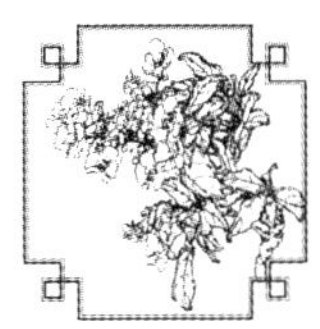

紫笋茶吟（选二）

一

问君能饮一瓯无？顾渚山中滚绿珠。
瑞草生来云海外，冰心长在紫砂壶。

二

云雾山中云路长，红衣数点是茶乡。
金沙天外传幽韵，一捧清泉十里香。

二零零八年四月三十日

浣溪沙　采茶

一望清泉一路花，山程水驿两三家，翠峰顶上伫烟霞。

缥缈轻纱天上挂，攀援只向素枝桠，红衣纤手拣灵芽。

二零零五年十二月二十五日

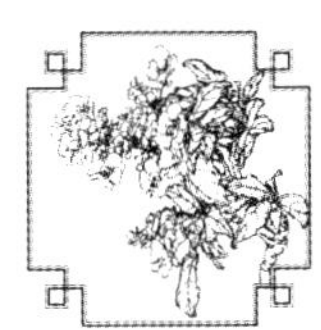

东坡赤壁

堂前二赋伴江流，月色天声一叶舟。
悟得渔樵沧海趣，此生东去不回头。

二零零二年四月九日

儋州东坡书院感怀

落木萧萧漫九垓，天容海色共徘徊。
千山鳞甲披芳草，万户笙钟赖大才。
笠屐农家开圣教，衣冠南国上高台。
闲吹蕉叶田畴过，野老青衿载酒来。

二零零一年十月二十八日

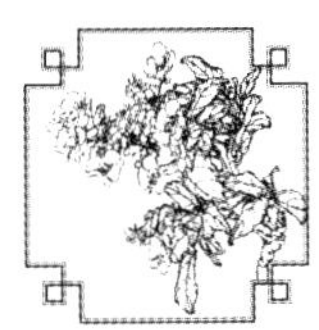

鹧鸪天　桃花潭

野渡风云谷雨天，踏歌又见竹笼烟。万家甘露华堂上，十里山阴古道边。

离柳岸，别东园。桃花潭水待君还。掀翻潭底醅新酒，留得清吟住几年？

二零零二年五月二十日

凤凰吟（选二）

凤凰城

万山葱绿送沱江，两岸人家飞凤凰。
古寨轻烟淡淡出，一城秋色伴斜阳。

雪峰山

茶山一望醉流霞，吊脚楼头雾笼纱。
云壑风清秋色重，雪峰岭上有人家。

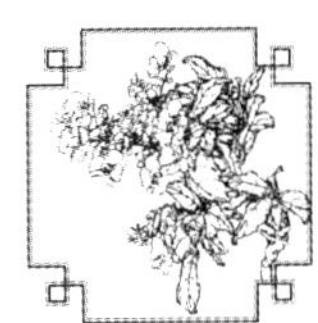

九华山下访友

门外千竿竹，山深一径开。

晚钟听佛国，晨雾隐天台。

半水云中落，新茶檐下煨。

书香共野趣，邀月尽三杯。

二零零零年六月三十日

浪淘沙　隋梅赞

切莫作春愁，根净枝虬。青松翠柏共悠游。述说兴亡多少事，老气横秋。

一任水东流，我不回头。新枝已自上高楼。昨夜花开三万朵，壮志谁俦？

一九九九年十一月二日于浙东天台山

国清寺隋梅传为国内最古老的梅树，距今已一千三百多年。花繁时花朵逾万。

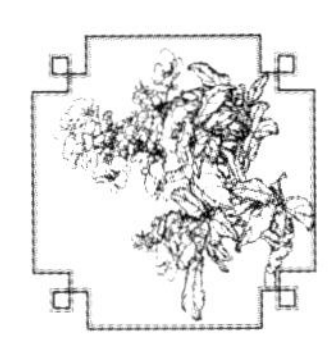

水港人家

水港人家夹竹桃，吴音伴得橹声摇。
临街细剪鸡头米，不顾清波漫小桥。

一九九九年十一月五日

破阵子　西塞山

已是危峰峭壁，却还苍翠流丹。我自横江拦去路，砥柱惊涛九曲湾。壮哉西塞山。

耳畔旌旗号令，眼前锦幔楼船。古往今来征战事，尽付云中浪底天。千秋掀巨澜。

一九九六年七月一日

天柱秋色

莫道重阳行色退，秋山飞渡正当时。
峰头回望层林染，几处丹枫入小诗。

一九九六年十一月

金字塔

不问苍生奉鬼神，风云万世总沉堙。
可怜十万沙中骨，应是当年垒石人。

一九九三年十二月于埃及开罗